DUGUESCLIN

Connétable de France et de Castille

PAR

Émile LAMBIN

Commissaire de police de la Ville de Paris.

Auteur de plusieurs Etudes historiques

Nominatus est usque ad novissimum terræ.
Sa renommée a volé d'un bout du monde à l'autre.
(Mach. L. I. chap. III. v. 9.)

PARIS
DUMOULIN, LIBRAIRE-ÉDITEUR
13, quai des Augustins, 13.

1880

DUGUESCLIN

PARIS-AUTEUIL

IMPRIMERIE DES APPRENTIS-ORPHELINS. — ROUSSEL

40, rue La Fontaine, 40

DUGUESCLIN

Connétable de France et de Castille

PAR

Émile LAMBIN
Commissaire de police de la Ville de Paris.
Auteur de plusieurs Etudes historiques

Nominatus est usque ad novissimum terræ.
Sa renommée a volé d'un bout du monde à l'autre.
(Mach. L. I. chap. III, v. 9.)

PARIS
DUMOULIN, LIBRAIRE-ÉDITEUR
13, quai des Augustins, 13.

1880

DUGUESCLIN

Nominatus est usque ad novissimum terræ.

Sa renommée a volé d'un bout du monde à l'autre.
(Mach. L. I. chap. III. v. 9.)

C'est par ces paroles qu'en 1839 l'évêque d'Auxerre, Ferri Cassinel, commençait devant le roi Charles VI et l'élite du royaume de France, dans la basilique de Saint-Denis, l'oraison funèbre de messire Bertrand Duguesclin, Connétable de France et de Castille, Comte de Longueville, né en 1320 au château de la Motte-Broon, près Rennes, et décédé le XIIIe jour de Juillet 1380 devant Châteauneuf-de-Randon, en Gévaudan. Le jeune monarque reconnaissant des services exceptionnels rendus à la couronne par l'illustre capitaine, avait voulu qu'on prononçât son oraison funèbre, honneur réservé jusqu'alors aux princes souverains.

Et que dire aujourd'hui de Bertrand Duguesclin? On pourrait lui appliquer cette belle parole du grand Bossuet parlant du grand Condé : « Quelle partie du monde habitable n'a pas ouï » les victoires du prince de Condé et les mer- » veilles de sa vie? »

Cependant la noble et sympathique figure de celui que nos pères appelaient le bon Connétable, ne nous paraît pas avoir été étudiée sous son vrai jour. On n'a vu en lui qu'un brave et loyal chevalier désarçonnant ses adversaires dans les tournois et se battant avec son gantelet sur les champs de bataille, lorsque ses armes étaient brisées. Pour nous, Duguesclin fut davantage. Il eut tout à la fois le sentiment patriotique et le génie militaire, à une époque où le mot de patrie, tel qu'on l'entend de nos jours, était presque inconnu; à une époque où les combats n'étaient guère que des luttes corps à corps. Le premier, au moyen âge, il eut l'idée de la tactique et de la stratégie, dans un temps encore bien éloigné des Nassau, des Turenne, des Frédéric qui créèrent l'art militaire moderne, art que Napoléon, leur maître à tous, devait porter à son extrême perfection.

Si nous ne devions que répéter ce que d'autres

ont dit avant nous avec une éloquence que nous n'espérons pas atteindre, nous nous serions abstenu d'entreprendre cette étude. Mais, c'est parce que nous espérons pouvoir jeter sur le héros breton une nouvelle et plus vive lumière, que nous avons essayé d'esquisser sa vie. Puissions-nous ne pas rester trop au-dessous de notre tâche et trouver pour louer ce grand homme, l'inspiration nécessaire et les accents qui conviennent.

Bertrand Duguesclin était l'aîné de dix enfants. L'origine de la famille se perdait dans la nuit des temps. On raconte qu'au VIIIe siècle, vers 775 un prince africain du nom de Aquin débarqua sur les côtes de l'Armorique et y bâtit une place forte à laquelle il donna le nom de Glay; que, battu par un des lieutenants de Charlemagne, il se rembarqua précipitamment oubliant sur la terre de Bretagne le plus jeune de ses enfants; que le vainqueur fit baptiser le jeune captif, lui donna le nom de Glayacquin, et que cet enfant fut la tige de la maison Duguesclin. D'autres historiens ont prétendu que cette maison était une branche de celle de Dinan qui s'est fondue dans celles d'Avaugour et de Laval. Ce qui est certain, c'est que deux chevaliers bannerets, Olivier et Bertrand Duguesclin, prirent part à la première Croisade, mettant leur épée au service de la Croix.

Les exploits de celui qui devait être le grand Connétable, furent prédits par le célèbre enchanteur Merlin. Un aigle, avait-il dit, s'élèvera de la Bretagne, prendra son vol par la France et passera les Pyrénées suivi d'un nombre infini d'étourneaux. On sait que les armes de la maison Duguesclin étaient un aigle de sable à deux têtes, sur fond d'argent. Les actions de Bertrand justifient cette merveilleuse légende. Quelque chose de surnaturel ne plane-t-il pas toujours sur le berceau des hommes illustres, aux âges héroïques!

Les premières années de Duguesclin ne sont ignorées de personne. Tous ceux qui ont lu son histoire connaissent cet enfant, presque difforme, à l'humeur farouche, qui, un bâton à la main, frappait tous ceux qui l'approchaient et qui recevait en échange des paroles dures et blessantes; tout le monde connaît la visite de cette religieuse qui lui prédit, devant sa mère étonnée et charmée, qu'il serait le plus redoutable chevalier de toute la Chrétienté, et qui, par des paroles affectueuses, changea comme par miracle cette rude nature que l'on croyait incapable de tout sentiment délicat.

Nous ne suivrons pas, non plus, Duguesclin dans ses premiers exploits. Le fameux tournois de Rennes où il se révéla aux yeux de toute la noblesse bretonne; la délivrance de cette ville assiégée par le duc de Lancastre, la prise du château de Fougeray, qui coûta la vie à Robert, Bembro, ses combats singuliers avec Guillaume Bembro, Guillaume Troussel, Thomas de Cantorbie, n'offrent qu'un intérêt secondaire lorsqu'on songe aux actions mémorables qui devaient les suivre.

Nous allons donc entrer de suite dans le vif de notre récit.

C'était le moment où le Comte de Montfort et Charles de Blois se disputaient à main armée le beau duché de Bretagne. C'était l'époques des brillants coups de lance, des grandes batailles et, malheureusement pour nous, des grands désastres. Aussi, lorsque le roi Jean, le noble vaincu de Poitiers, revint en France après la signature du traité de Brétigny, il désira connaître Bertrand Duguesclin dont la renommée était venue jusqu'à lui sur la terre de la captivité, et de sa vaillante et loyale main, il lui écrivit pour l'inviter à se rendre auprès de lui. Duguesclin répondit au désir du monarque auquel il fut présenté par le maréchal d'Andreham, belle figure que nous reverrons dans le cours de cette histoire. Le roi demanda à Bertrand s'il voulait servir la couronne. Bertrand répondit qu'étant né breton il se devait à Charles de Blois ainsi qu'à ses compagnons d'armes, mais que si le roi voulait s'attacher ces derniers, il accepterait sa proposition. Le monarque y consentit, lui donna sur-le-champ une compagnie de cent lances et le gouvernement de Pontorson. En quittant le prince, Duguesclin lui déclara « que, partout où, fort » ou faible, il rencontrerait les Anglais, il les » attaquerait en quelque nombre qu'ils fussent, » et que Sa Majesté en aurait bientôt des nou- » velles. » A partir de ce jour, l'homme qui devait, l'épée au poing, délivrer le territoire, fut trouvé !

Cependant l'heure des combats décisifs n'était pas encore sonnée et nous voyons Duguesclin retourner à cette guerre de partisans et d'embuscades qu'il aimait tant. Nous le voyons battre les capitaines anglais Windsor, Plebi, Felleton, qui ravagent la Normandie; assiéger avec le célèbre Jean de Saintré, le château d'Essay, en Poitou, à l'assaut duquel il se fracture la jambe : puis, à peine guéri, nous le voyons encore se jeter sur Grévaques, sur Felleton, et les chasser des châteaux qu'ils occupaient. Moins heureux contre Hue de Caurelée, il est obligé d'entrer en composition, et convient de payer 30,000 florins pour sa rançon et celle de sa troupe. Mais lorsqu'il offre des otages, l'Anglais les refuse disant que la parole de Duguesclin est pour lui une caution suffisante. Et remarquons-le ici, le caractère anglais est fier, mais droit. On se battait à outrance pendant cette guerre de Cent-Ans, mais alors les vainqueurs respectaient les vaincus et n'abusaient pas de la victoire comme cela s'est vu tout récemment de nos jours. Des deux côtés on avait le sentiment de l'honneur. A quelque temps de là Duguesclin fut fait général en chef de l'armée de Charles de Blois. Il reçut le bâton d'argent semé d'hermines; mais le traité des Landes d'Evran l'empêcha de donner à son prince le duché de Bretagne. Presque aussitôt il reprend sa guerre de coups de main et s'empare des châteaux de Pistivien et de Trogost dont les garnisons étaient pour le pays de Guingamp un fléau permanent.

Nous pouvons le dire sans craindre de diminuer le héros, la vie de l'illustre breton ne présente pas, au premier aspect, cette admirable unité que nous trouvons dans celle d'un Turenne ou d'un Condé. Mais ce défaut d'unité ne tient pas à lui, il tient au temps dans lequel il vivait. On ne connaissait pas alors ces nombreuses armées, ces savantes manœuvres, qui décident en une campagne du sort d'en empire et qui n'obligent pas les guerriers à vivre constamment sous la tente. Au XIVe siècle, au contraire, la guerre semblait être l'état normal de la société, car on se battait partout. Elle était, dans tous les cas, la vie ordinaire des chevaliers. Prenons-garde, cependant et n'exagérons rien. Le décousu que nous remarquons dans les premières années de la vie militaire de Duguesclin, est plus apparent que réel. Dieu, par ces combats de chaque jour, de chaque heure, le préparait à de plus grandes choses et maintenant les lignes principales de sa vie vont nous apparaître dans toute leur ampleur et dans toute leur majesté.

Le moment était enfin arrivé où Duguesclin allait servir la France, où sa valeur allait briller sur un plus vaste théâtre. Le roi Jean, n'ayant pu payer sa rançon, était retourné en Angleterre, reprenant volontairement ses chaînes, donnant au monde le plus bel exemple de loyauté qu'il eût vu jusqu'alors et qu'il n'a jamais oublié. Les rênes de l'Etat étaient aux main du Dauphin, le prince Charles, dont la situation était des plus critiques. Obligé de défendre le royaume contre les Anglais, obligé de se défendre lui-même contre les intrigues de Charles le Mauvais, roi de Navarre, qui faisait cause commune avec l'étranger, il avait dans sa sagesse prématurée, conscience du péril qui l'enveloppait, et il sentait qu'il lui fallait, à lui chétif et faible, un bras de fer pour le protéger. Alors il appela Bertrand Dnguesclin. Celui-ci n'hésita pas; il accourut au premier appel. Mais déjà le roi Jean était mort et le Dauphin marchait vers Reims pour ceindre la couronne royale. Bertrand, qui venait de se rendre maître de plusieurs places en Normandie, allait inaugurer le règne du nouveau roi par une victoire.

Quand on lit dans les vieux auteurs le récit de la bataille de Cocherel, on croirait assister à l'un des combats de l'Iliade. Dans l'armée royale composée de Français et de Bretons, sous le comte d'Auxerre : le comte de Tonnerre, Hennequin, maître des arbalétriers, Olivier Duguesclin, Olivier de Mauny, Guillaume Bouestel, Roland du Bois, Eustache de la Houssaye, le Bègue de Villaines, tous chevaliers de grand renom. Dans l'armée anglaise et navarraise commandée par Jean de Grailly, captal de Buch, le sire de Sacquinville, le Basque de Mareuil, Jean Jouel, hommes dignes de leurs adversaires. Aussi le choc fut-il terrible. De part et d'autre on fit des prodiges de valeur. Un chevalier breton, Thibaut Dupont, combattait avec une épée de six pieds de longueur, du poids de douze livres, faisant sauter les têtes et les bras de tous ceux qui l'approchaient. Cette épée s'étant brisée, il saisit sa hache d'armes et en trois coups, abattit trois hommes. Duguesclin commandait et combattait tout à la fois, exhortant les uns, soutenant

1.

les autres, criant à ses soldats : « Or avant, mes » amis, la journée est à nous. Pour Dieu, sou» venez-vous que nous avons un nouveau roi de » France ; qu'aujourd'hui sa couronne soit ho» norée par nous ! » Le Basque de Mareuil aperçoit Duguesclin dans la mêlée. « A moi ! Bertrand, » s'écrie-t-il, à moi ! » Bertrand se retourne furieux, fond sur l'audacieux chevalier, et lui porte un coup si violent qu'il en est presque assommé. Il allait lui couper la tête, lorsque les Anglais accourent pour le défendre et le sauver. Le combat fut sanglant autour d'eux. Le vicomte de Beaumont, un des meilleurs champions de l'armée française, tomba percé de mille coups. Le Basque de Mareuil, qui s'était relevé, tua le sire de Hennequin ; mais au même moment le comte d'Auxerre lui fendit la tête. Jean Jouel, qui s'était jeté à corps perdu dans les rangs français, fut entouré, blessé, renversé et laissé pour mort sur la place. Comme la bataille durait toujours, Duguesclin ordonna à Eustache de la Houssaye de tourner un petit bois, et de prendre l'ennemi à revers. L'ordre fut exécuté, et le sire de la Houssaye, tombant sur les Anglais, qui avaient Duguesclin en tête, les tua en grand nombre avant qu'ils eussent eu le temps de se reconnaître. Thibaut Dupont saisit alors le captal de Buch par le haut de son casque. Le captal essaya de frapper son ennemi à coups de dague; mais la robuste main du Breton le maintint à distance. « Rendez-vous! lui cria Thibaut; rendez-vous » ou je vous tue! » A cet instant passa Duguesclin.

« C'est à vous que je me rends! » dit Jean de Gailly, et il tendit la main à son vainqueur, qu'il avait imprudemment promis d'amener pieds et poings liés au roi de Navarre. On aime à voir ces guerriers se donner ainsi des témoignages de mutuelle admiration. Les héros d'Homère se disaient des injures, les chevaliers du moyen âge se tendent la main. Ah! c'est que depuis Homère le monde a été partagé en deux par la Croix. Les héros d'Homère sont païens, les chevaliers du moyen âge sont chrétiens. Remarquons aussi que le succès de la bataille fut dû à la conception tactique de Duguesclin, qui fit prendre l'armée ennemie à revers.

Il avait, ainsi que nous l'avons dit en commençant, l'intuition supérieure de la guerre, à une époque où les batailles n'étaient que d'héroïques mêlées, ce qui nous avait déjà valu Crécy et Poitiers. Charles V était à Reims lorsqu'il apprit la nouvelle de la victoire de Cocherel. Il en rendit grâce à Dieu sous les voûtes de la basilique de Saint-Denis, le patron de la France, et récompensa le vainqueur en le nommant maréchal de Normandie et en lui donnant le comté de Longueville.

Après Cocherel, Duguesclin se mit en route pour aller rejoindre Charles de Blois, qui se préparait à une lutte décisif avec Jean de Montfort. Mais à peine était-il en marche qu'il apprit que le seigneur Duguesclin, son père, était à l'extrémité. Il remit le commandement de son armée au comte d'Auxerre, et, suivi de son frère Olivier, il courut au vieux château de la Motte-Broon. En voyant son fils Bertrand, le mourant se ranima, « Mon fils, lui dit-il, la consolation que je ressens » de te voir encore avant de mourir, je l'ai » demandée à Dieu et je lui rends grâce de ce » qu'il permet que je meure entre tes bras; je le » remercie de la satisfaction qu'il me donne de » te voir victorieux et conquérant; et, ce qui rend » mon contentement plus parfait, c'est la con- » fiance que j'ai, que, puisque Dieu t'a tant de » fois favorisé de son assistance et conservé dans » les occasions où tu as été en danger de périr, » tu as sans doute vécu dans sa crainte et son » amour. Je te prie de tout mon cœur de t'y main- » tenir par sa grâce toute ta vie et que tu te sou- » viennes que tous les honneurs et les succès de » ce monde sont passagers, mais que la gloire que » tu acquerras par tes vertus sera d'une éternelle » durée. » Belles et solennelles paroles où la foi du chrétien brille dans tout son éclat au bord de la tombe entr'ouverte! Bertrand fondait en larmes et ne pouvait répondre. Alors le noble vieillard le bénit lui et ses autres enfants, lui recommanda de servir de père à ses frères et à ses sœurs, ordonna à ceux-ci de l'honorer et de lui obéir, espérant qu'il ferait leur bonheur comme il faisait leur gloire. Puis, après avoir prononcé ces derniers mots, il perdit la parole et rendit son âme à Dieu.

Quelques jours après, Duguesclin était devant Auray, commandant l'armée de Charles de Blois. On connait cette bataille dans laquelle ce prince perdit tout à la fois la vie et son duché. Quant à Duguesclin, il s'y comporta en héros. Lorsque le duc Charles tomba frappé d'un coup de dague qui lui traversa la gorge, tout l'effort de l'ennemi se tourna contre lui. Entouré de toutes parts, il se défendit comme un lion. Après avoir brisé son épée sur les armures des gens de Montfort, il saisit sa hache d'armes, son arme favorite, et en porta des coups terribles. Sa hache brisée, il ferma les poings et se battit à coups de gantelets. Tous ses compagnons blessés, le maréchal de Beaumanoir, le sire de Laval, Olivier de Mauny, rendaient leurs épées, lui seul résistait à l'ouragan de fer. Il allait être tué, lorsque Chandos accourut, criant à ses hommes d'armes de suspendre le combat. Alors, s'approchant de Duguesclin, il lui dit d'un ton amical : « Rendez-vous, Messire » Bertrand, cette journée n'est pas vôtre. » C'était, en effet, ce qu'il avait de mieux à faire. Donner sa vie en ce moment eût été de l'héroïsme stérile. Bertrand le comprit et se rendit à Chandos, qui l'envoya à Niort, fixant sa rançon à 100.000 florins d'or dans l'espérance qu'il ne pourrait pas les payer et qu'il tiendrait ainsi captif pendant longtemps ce redoutable ennemi du nom anglais.

Ici finit la première partie de la vie de Duguesclin, période pleine de péripéties, de surprenantes aventures; mais qui s'est terminée par deux faits considérables, la bataille de Cocherel et la bataille d'Auray.

La paix était faite entre la France et l'Angleterre et la guerre de Bretagne venait de se terminer au profit de la maison de Montfort. Cependant le royaume n'était pas tranquille et le roi Charles était très inquiet. On se battait depuis un si grand nombre d'années que la guerre était devenue pour une multitude de chevaliers français et anglais un véritable métier. Aussi, tous les capitaines de Compagnies continuaient-ils à courir la campagne, pillant châteaux, églises, chaumières, tuant sans distinction ni pitié, tout ce qui leur résistait.

Les plus redoutables de ces aventuriers s'étaient réunis près de Châlon-sur-Saône et leurs troupes avaient pris le nom resté célèbre de Grandes Compagnies. Ils étaient 60,000 hommes. Parmi les chefs se trouvaient des personnalités marquantes, des guerriers de grand renom. On y voyait Hue de Caurelée, Mathieu de Gournay, Gauthier Huet, Nicolas Scambourg, Robert Scot, Louis de Châlons, le Bègue de Villaines, Jean d'Evreux. Disperser ou anéantir cette masse par la force, était chose impossible. Déjà le connétable Jacques de Bourbon avait trouvé la mort dans un combat livré à l'une de ces bandes. Il fallait donc essayer de les faire sortir de France. Mais comment et par qui? Telle était la question. On leur avait bien proposé d'aller en Bohême faire la guerre aux Turcs; mais cette expédition ne les avait pas tentés.

Le roi Charles pensa qu'un seul homme pourrait le débarrasser des Grandes Compagnies et que cet homme était Duguesclin. Ici se présentait une nouvelle difficulté. Duguesclin était prisonnier et Chandos avait fixé sa rançon à un prix exorbitant. Le roi, cependant, n'hésita pas. Malgré l'épuisement des finances, il fournit une partie de la somme, le prisonnier fournit l'autre et recouvra sa liberté. Duguesclin vint de suite à Paris, se concerta avec le roi et prit aussitôt la route de Châlon-sur-Saône. Il avait été convenu qu'il proposerait aux Compagnies d'aller avec lui en Espagne combattre Pierre le Cruel, roi de Castille, et chasser les Sarrasins des royaumes de Grenade et de Murcie. Le roi Don Pèdre, dit Pierre-le-Cruel, s'était couvert de sang. Il avait fait empoisonner sa femme Blanche de Bourbon, sœur de la reine de France; il avait fait assassiner son frère naturel, Frédéric, grand maître de l'ordre de Saint-Jacques et la mère de ce malheureux prince. L'aîné des frères naturels de Pierre, Henri, comte de Transtamare, avait pris les armes pour venger sa famille, et c'est lui qu'on allait d'abord secourir.

Lorsque les capitaines des Compagnies apprirent l'arrivée de Bertrand, ils allèrent au-devant de lui avec une nombreuse escorte lui rendant les honneurs réservés aux chefs d'armée. Hue de Caurelée donna un grand souper suivi d'une fête. Le lendemain matin, Duguesclin parut au milieu du camp et monta sur une petite éminence. La multitude des soldats l'ayant entouré et acclamé, il fit signe de la main, et, au milieu d'un silence profond il leur dit : « Depuis quel-
» que temps vous êtes occupés à des travaux
» indignes de braves gens; je viens vous en pro-
» poser de plus honorables et que je partagerai
» avec vous : c'est d'aller en Espagne combattre

» les ennemis de la foi, de leur arracher la pos» session de contrées riches et florissantes. Allons » nous emparer des trésors accumulés par les » infidèles dans Grenade et dans Cordoue : le roi » de France vous offre de payer les frais de l'expé» dition, et le pape vous accordera l'absolution de » toutes vos fautes. Nous sauverons nos âmes et » nous acquerrons de la gloire et des richesses. » Compagnons d'armes, nous avons fait, vous » et moi, assez pour damner nos âmes, et » vous pouvez vous vanter d'avoir fait pis que » moi ; faisons maintenant honneur à Dieu et le » diable laissons ! » D'unanimes acclamations accueillirent ce discours, et dès cet instant le départ des compagnons fut décidé. Une foule de vaillants hommes accoururent se joindre à Duguesclin : Jean de Bourbon, le maréchal d'Andreham, le sire de Beaujeu, Olivier de Mauny, Olivier Duguesclin, Guillaume Boistel, Yves de Carenlouet, qui plus tard devait tuer Chandos. Le roi de France donna 200,000 florins, le pape l'absolution, plus une somme de 200,000 francs, et quelques jours après on entrait en Espagne. La prédiction de Merlin s'était accomplie, l'aigle bretonne avait pris son vol et franchi les Pyrénées !

Arrêtons-nous quelques instants ici, et du haut de ces montagnes contemplons le pays qui apparaît à nos regards.

L'Espagne! que de choses merveilleuses dans ce simple mot! Comme la Grèce antique, cette contrée éveille les plus beaux, les plus grands souvenirs Avec ses montagnes brûlées, ses bois de grenadiers, ses fleuves larges et transparents; avec ses cathédrales en dentelle de pierre, ses vieux châteanx et ses anciennes mosquées, l'Espagne sera toujours la terre aimée du poète et de l'historien. Sa langue même, qui semble faite pour la guerre et l'amour, a une majesté, une douceur iscomparables. Quant à son peuple, il n'en est pas dans les annales du monde moderne de plus intéressant à étudier. Cette race fière, chrétienne, qui, la croix sur la poitrine et l'épée à la main, a reconquis pied à pied le sol de la patrie et rejeté les Maures sur la côte d'Afrique, commande l'admiration. Au XIVe siècle, elle était déjà illustre. Elle avait vu le vaillant Pélage sauver son indépendance dans les montagnes des Asturies. Elle avait vu Alphonse-le-Grand, Ramire II, Sanche-le-Grand, Alphonse-le-Conquérant, Alphonse VI et Cid, Sanche-le-Brave, Alphonse XI, les chevaliers d'Alcantara et de Calatrava. Elle avait vu les grands triomphes de Lutos, de Zamosa, de Simancas, de Calacanaçor, de Santarem, de Las Novas de Tolosa et d'Algésiras. Comme héroïsme, comme poésie, elle ne pouvait rien envier à l'antiquité; la terre des Hellènes n'avait rien donné de plus parfait et de plus achevé.

Comme nous, le peuple espagnol est de race latine. On peut dire que l'Espagne est sœur de la France. Le mot de Louis XIV : « Il n'y a plus de Pyrénées, » devrait être le mot de ralliement des deux peuples. Que ne ferions-nous pas, nous Français, si nous avions une Espagne forte avec nous, derrière nous. Jetons les yeux sur une carte d'Europe, regardons la situation géographique de l'Espagne. N'est-elle pas notre soutien, notret point d'appui naturel ? Ce qui est vraiment étrange, c'est que cette vérité si simple ne soit pas encore reconnue et hautement proclamée.

Reprenons notre récit.

L'armée française entra en Espagne par la vallée de Roncevaux, où, quatre siècles auparavant, avait succombé, en s'immortalisant, le premier des paladins. Plus heureux que le neveu du grand empereur d'Occident, Duguesclin mit en fuite les troupes qui gardaient les défilés. Arrivé devant le tombeau de Roland, il rangea ses hommes d'armes en bataille, fit sonner les clairons, élever les bannières, et, mettant genou en terre, il dit : « Sire Dieu, ici repose fleur de « chevalerie ; sous cette pierre est clos heur et « vaillance. Fais à ton serviteur Guesclin servir « son roi Charles comme ce preux servit puis-

« samment empereur Charlemagne, et comme « ce Roland être occis par beau jour de bataille. »

Les pas de Dugesclin sur la terre d'Espagne furent des pas de géant. Toutes les places fortes capitulèrent devant lui, Burgos ouvrit ses portes, et le jour de Paque de l'an 1366, Henri de Transtamare était proclamé roi de Castille. Le lendemain, le roi le nommait connétable de Castille et le faisait duc de Molina. Sans s'arrêter et avec l'impétuosité de l'aigle dont rien ne peut arrêter le vol, Dugesclin marche sur Tolède, qui capitule, reçoit la soumission de Cordoue et s'empare de Séville après un siège meurtrier. La prise de cette place assurait au roi Henri la possession de son royaume.

Mais cette guerre d'Espagne devait avoir d'étranges surprises. Pendant que le roi Henri s'occupait d'établir son autorité, un orage s'amoncelait de l'autre côté des Pyrénées. Pierre-le-Cruel, présentant sa cause comme celle de tous les rois, avait fait appel au monarque anglais. Edouard III, heureux de trouver une occasion d'être agréable au roi de France, avait écouté sa prière, et le prince de Galles, rappelant à lui les compagnies anglaises qui avaient suivi Duguesclin, fut bientôt prêt à entrer en Espagne à la tête de 70,000 hommes. De son côté, Duguesclin, qui était rentré en France où le roi Charles V l'avait reçu, non plus comme un simple banneret, mais comme il convenait de recevoir celui qui avait débarrassé le royaume des Grandes Compagnies et qui était devenu connétable de Castille, ne perdit pas de temps. Il appela à lui ses fidèles Bretons, et repassa les Pyrénées en toute hâte pour rejoindre l'armée du roi Henri qui marchait au-devant du Prince Noir et du roi Pierre. On se trouva en présence à Navarette.

Sachant que l'armée anglaise manquait de vivres dans un pays ruiné, Dugesclin ne voulait pas livrer bataille de suite, certain d'écraser l'ennemi lorsque la disette le forcerait à la retraite. Mais les nobles castillans ne furent pas de cet avis. Ils voulaient absolument combattre, et contre l'avis de Bertrand, on décida de livrer bataille. Dans cette plaine de Navarette ou Scripion dit-on, avait défaits les Numantins, se trouvait réuni tout ce qu'il y avait de braves en Espagne, en Angleterre et en France. Parmi les Espagnols on distinguait Pierre de Manrique, Lopez Ayala, Henriquez Bozo, âgé de 80 ans, qui devait mourir âgé de 120 ans, après avoir assisté aux principales batailles livrées en Espagne pendant un siécle, le marquis de Villena, Moniz de Godoz, grand maître de Calatrava, Pédro Monize grand maître d'Alcantara, l'amiral Boccanegra, Perez de Guzman, Alphonse de Haro. Parmi les Anglais, étaient le prince Noir, le duc de Lancastre, Hue de Caurelée, Robert Knolles, le comte de Pembroke, le terrible Chandos, le comte d'Armagnac, les sires d'Albret, de Duras, de Perduccas, le captal de Buch. Parmi les Français, étaient Dugesclin, le vieux maréchal d'Andreham, Olivier de Mauny, le Bègue de Villaines. Tibault Dupont, Silvestre de Bude, Jean Dubois et Eustache de la Houssaye.

La bataille fut sanglante. Dugesclin en porta le poids. Dès les premiers instants de la lutte, l'aile gauche de l'armée, commandée par don Tello, frère du roi Henri, plia et s'enfuit. Henri de Transtamare qui commandait le centre, ayant devant lui le prince Noir, se battit bravement et repoussa deux fois Chandos. Mais, le grand maître d'Alcantara étant tombé à ses côtés, ses troupes se débandèrent. Dugesclin, qui commandait l'aile droite, avait pour adversaire le duc de Lancastre. Il avait repoussé le duc, Knolles, Pembroke et Caurelée, lorsqu'il apprit la défaite des Espagnols. Il mit pied à terre, resserra ses lignes de façon à présenter à l'ennemi un mur de fer, et se tenant fièrement au milieu de cette nouvelle phalange, il attendit l'ennemi. Lancastre, Chandos, de Buch, Pembroke et ses Ecossais se ruèrent tour à tour sur lui sans pouvoir l'entamer. Le prince Noir accourut et, jetant sa réserve sur

Bertrand, il le fit entourer et attaquer de toutes parts. Cette fois les hommes tombèrent et le mur de fer se rétrécit. Le Breton recule, mais en portant des coups terribles. S'adossant à une vieille muraille romaine avec les deux cents chevaliers qui lui restent, il lutte en désespéré. Les Anglais lui crient de se rendre, il reste sourd à leur voix. A ce moment accourt don Pèdre en s'écriant : « Tuez-le ! » Bertrand se retourne furieux et d'un seul coup abat le brigand. Il allait l'achever lorsqu'il fut saisi lui-même par plusieurs Anglais, qui le soulevèrent de terre. Il luttait encore pour se dégager, lorsque le prince de Galles s'approche et lui dit : « Dugesclin, rendez-« vous, la fortune vous a trahi. — Je me « rends, dit Bertrand, mais c'est au plus vail-« lant et au plus généreux prince du monde. » Et il présenta au prince ce qui restait de son épée brisée. Don Pèdre voulait frapper le héros désarmé. Les Anglais le repoussèrent. Il offrit le pesant d'or de Duguesclin si on voulait le lui livrer, mais le prince refusa, sachant quel était le dessein de ce misérable qui venait de racheter un chevalier espagnol, Lopez Orosco, et l'avait lachement poignardé. Le vainqueur remit Dugesclin au captal de Buch. Pour la seconde fois Bertrand était fait prisonnier.

Il lui était réservé de connaître alors la douleur. Traîné à la suite des vainqueurs, il fut témoin des actes de cruauté du roi de Castille, et lorsque le prince Noir revint à Bordeaux, il fut enfermé dans un cachot comme un prisonnier vulgaire. Le prince déclara même qu'il ne le mettrait pas à rançon. La noblesse d'Aquitaine, cette noblesse qui venait de combattre dans les rangs anglais, s'émut. Un soir de grande réunion, le sire d'Albret qui connaissait la fierté du prince anglais, lui dit : « On prétend, Monseigneur, que « vous retenez Bertrand sans vouloir accepter « de rançon, parce que vous craignez de le voir « une seconde fois en face de vous. » Le prince regarda d'Albret, et le rouge de la colère lui monta au front. « Je vais faire cesser ce bruit, » dit-il, et il commanda d'amener sur-le-champ le prisonnier. Bertrand parut. « Fixez vous-même « le prix de votre rançon, » dit Edouard à Duguesclin. — « Je la mets à 100,000 florins, » répondit fièrement le Breton. « Où prendrez-vous pareille somme ? » reprit le prince encore plus irrité. « Les rois de France et de Castille ne me « laisseront pas en arrière pour si peu de choses, « répliqua le prisonnier, et s'il le faut, les fem- « mes et les fillettes de Bretagne fileront leur « quenouille pendant un an pour me la procu- « rer. Mais tel porte sa bourse à sa ceinture qui « ne sait pas que son argent servira pour ma

« rançon. » A partir de cet instant Dugesclin était libre. Touchante fraternité des champs de bataille, Chandos et Caurelée lui offrirent leurs bourses. La princesse de Galles voulut le voir, et lui déclara qu'elle remetterait 30,000 florins à son mari pour commencer le payement de sa rançon. « Madame, lui dit Bertrand, je me « croyais le plus laid chevalier de France; mais « je commence à concevoir une meilleur opinion « de moi, puisque de grandes dames comme « vous me font de pareils présents. » Le duc d'Anjou, qui était en Languedoc, lui envoya sans tarder 20,000 livres.

Ici le décor change. Nous n'assistons plus à des batailles, mais au spectacle d'actes de bonté se succédant si rapidement qu'ils émeuvent et attendrissent. Bertrand a reçut 20,000 livres. Cet argent représente comme un partie de sa liberté, et il semble qu'il va le conserver comme la plus précieuse des garanties. Eh bien! détrompons-nous. La route qu'il suit de Bordeaux à Nantes est couverte de pauvres chevaliers, d'infortunés écuyers qui sortent aussi de prison et qui vont péniblement chercher le prix incertain de leur rançon. Bertrand les voit, et c'est assez. Sans penser à lui-même il leur distribue ses 20,000 livres sans même garder un florin, de sorte qu'en arrivant à Paris sa bourse est complètement vide. Générosité digne de tout éloge, car elle partait réellement du cœur et la vanité lui était absolument étrangère. Après avoir vu le roi, qui lui promit de le seconder pour rétablir sur le trône de Castille Henri de Transtamare, Bertrand se rendit à Pontorson. Il demanda à sa femme, Tiphaine Raguenel, 80,000 livres qu'il lui avait laissées. « Je les ai données « aux pauvres soldats bretons revenus d'Espa- « gne, répondit Tiphaine, et aujourd'hui je n'ai « plus rien. » Bertrand embrassa sa femme avec effusion ; ces deux grands cœurs etaient dignes l'un de l'autre. Les sires de Rohan, de Laval, de Tintiniac, de Châteaubriant et de Dinan se cotisérent alors, et remirent à Dugesclin les 100,000 livres nécessaire pour payer sa rançon. Il les accepta comme chose simple, ordinaire. En effet sa vie n'appartenait-elle pas au pays et n'était-ce pas servir la France, faire un acte national, que d'assurer sa liberté ? Aussi ce fut plus tard une illustration en Bretagne d'avoir payé la rançon de Duguesclin. Malheureusement les barons bretons avaient compté sans son désintéressement illimité. A peine Bertrand a-t-il reprit la route de Bordeaux qu'il recommence à secourir les malheureux soldats qu'il rencontre, leur donnant de quoi se racheter, de quoi s'équiper, leur donnant aussi rendez-vous pour rentrer en

Espagne. Arrivé à la Rochelle, il délivre les soldats faits prisonniers à Navarette et l'orsqu'il se trouve en présence du prince de Galles, il est obligé d'avouer qu'il n'a plus un seul florin. Mais le roi Charles veillait sur lui et quelques jours s'étaient à peine écoulés qu'un chevalier inconnu arrivait visière baissée payant au prince Edouard la rançon du généreux captif. Libre cette fois, Dugesclin se rendit en Languedoc. Il se composa une armée des soldats qu'il avait rachetés et des gentilshommes qui accouraient de tous côtés pour servir sous ses ordres. Puis, ses préparatifs terminés il se dirigea vers l'Espagne. Déjà le vaincu de Navarette, Henri de Transtamare, avait recommencé la guerre, fort des sympathies des Espagnols que révoltait la cruauté de don Pédre. Il avait repris Burgos, Valladolid, et assiègeait Tolède. Voyant encore une fois son royaume lui échapper, le roi de Castille ne recula devant aucune extrémité. Il appela à son aide les Maures d'Espagne et les chefs africains de Fez et de Maroc. Ils répondirent à son appel et bientôt don Pèdre s'avança pour secourir Tolède à la tête d'une armée de 45,000 hommes. Il avait avec lui son fidèle Fernand de Castro, les grands maîtres d'Alcantara et de Calatrava. Son armée déboucha des montagnes dans la vallée de Montiel, place forte appuyée aux montagnes d'Alcaraz.

A cet instant parut Dugesclin. Il avait franchi les Pyrénées couvertes de neige, avait fait un long détour, évitant par une marche savante les obstacles de tout genre. Il était entouré de ses fidèles compagnons Olivier de Mauny, Eustache de la Houssaye, Dubouestel, Thibault Dupont. Le Bègue de Villaine l'avait devancé auprès du roi Henri. Celui-ci voulait qu'on arrêtât en conseil le plan de campagne ; mais Duguesclin, qui se souvenait de Navarette, voulut oublier sa modestie accoutumée et déclara qu'il entendait diriger la guerre, résolu qu'il était à se retirer s'il ne restait maître de diriger les opérations. Henri de Transtamare s'inclina, disant qu'il était prêt à servir comme volontaire sous les ordres d'un si grand capitaine. Sans perdre un instant, Duguesclin choisit les plus braves des Espagnols, les mêla à ses soldats et marcha hardiment avec quinze mille hommes à la rencontre de la forte armée de don Pèdre.

La bataille eut lieu à Montiel. A la pointe du jour, Duguesclin tombe à l'improviste sur le camp ennemi et y porte l'épouvante. Le roi de Castille saute sur son cheval tigré, présent du sultan de Grenade, et s'avance bravement dans la plaine pour rallier ses soldats. Henri de Transtamare l'aperçoit et se précipite vers lui. Les deux frères eussent croisé le fer, si la foule des combattants ne les eût empêchés de se joindre. Pendant qu'on se bat dans la plaine, Bertrand se jette sur les tentes du roi Pierre auxquelles il met le feu. Puis, se plaçant à la tête des Français et des Bretons, il aborde les Africains. Les Infidèles essaient, mais en vain de soutenir la charge. La lourde épée des Chrétiens les abat dans la poussière. Alors ils tournent bride, enlèvent leurs chevaux et disparaissent à l'horizon. Que dire de plus? Tout chancelle et s'effondre. Seul, don Pèdre résiste en désespéré. Il prend six mille cavaliers, les place au milieu du champ de bataille comme une enseigne vivante destinée à rallier ceux qui fuient, espérant ainsi réunir assez de soldats pour recommencer la lutte. Mais Duguesclin a compris sa pensée. Il arrête ses bataillons, les reforme, et, laissant les Africains courir où ils veulent, ils se retourne contre don Pèdre. Ce fut la fin. En voyant les français s'avancer contre eux, les troupes du roi de Castille furent comme terrifiées et le roi sentant que la lutte n'était plus possible avec de tels soldats, abandonna le champ de bataille suivi d'une poignée de cavaliers. Il courut jusqu'au château de Montiel, la tour des Etoiles, disaient les légendes espagnoles; en fit ouvrir les portes et s'y renferma. On connait la fin de ce drame. Quelques jours après la bataille, don Pèdre, était fait prisonnier en voulant sortir du château et conduit dans la tente d'un chevalier breton. Mis en présence de son frère, don Pèdre que la colère aveuglait, se jetait sur le prince et engageait avec lui une lutte épouvantable. Plus vigoureux que son adversaire, il l'avait renversé, désarmé, et il allait le percer de sa propre dague, lorsqu'un serviteur du Prince, le prenant par la jambe, le renversait à son tour. Henri, profitant de ce secours inespéré, se relevait vivement, ressaisissait sa dague et la plongeait tout entière dans le flanc de son frère. Duguesclin n'avait pas assisté à ce combat fratricide. Quand il arriva Pierre le Cruel avait déjà rendu le dernier soupir.

Telle fut cette fameuse guerre d'Espagne. Elle fit connaître la patrie du Cid aux paladins français et elle donna à Duguesclin un immense prestige. Lorsqu'il revint en France, il n'était plus le pauvre chevalier breton faisant, comme nous l'avions dit plus haut, la guerre d'embuscade et de coups de mains ; il était le connétable de Castille, le comte de Sorino, le duc de Molina ; il était celui qui avait donné au roi Henri II une des plus belles couronnes du monde !

Ici, finit la deuxième partie de la vie de Duguesclin.

Mais toutes les brillantes actions de Duguesclin, tous les faits héroïques que nous venons de voir se dérouler sous nos yeux, n'étaient qu'une préparation divine à ce qui devait être l'immortel honneur de sa vie. Il pouvait dire comme David. « *Tu formasti me et posuisti super me* « *manum tuam. Vous m'avez formé, Seigneur, et* « *votre main s'est reposée sur moi.* » Et au moment de commencer avec sa vaillante épée la délivrance du territoire, il pouvait dire encore cette autre parole du Roi-Prophète: « *Benedictus Domi-* « *nus Deus meus qui docet manus meas ad prœlium* « *et digitos meos ad bellum. Soyez béni, Seigneur* « *mon Dieu, vous qui avez appris mes mains à* « *combattre et mes doigts à tenir l'épée.* »

Toutefois, avant de commencer le récit des dernières campagnes de Bertrand Duguesclin, il nous est utile de considérer ce héros dans son caractère, c'est-à-dire dans son esprit et dans son cœur.

La sagesse, ce don si précieux et que Dieu accorde si rarement aux hommes, semblait être le trait distinctif de son esprit. Aussi éloigné de la présomption que de la timidité, il n'entreprenait rien sans y avoir réfléchi, d'autant plus fort et plus rapide dans l'exécution, que ses projets avaient été plus longtemps mûris et qu'il était plus sûr de lui-même Cette sagesse fit de lui un guerrier remarquable. Au lieu de livrer témérairement bataille, comme on avait fait à Grécy et à Poitiers, comme on devait faire plus tard encore à Azincourt, il n'engageait l'action que lorsqu'il était presque sûr de vaincre. Les batailles d'Auray et de Navarette, dans lesquelles il fut vaincu, furent livrées contre sa volonté. A une époque qui ne connaissait que les grands coups d'épée, il eut le sentiment de la tactique et de la stratégie. Nous l'avons vu en Espagne, lors de sa deuxième expédition, faire un long détour pour surmonter de nombreux obstacles, cacher sa marche à l'ennemi et tomber sur l'armée de don Pèdre lorsqu'on le croyait encore bien loin. Nous allons le voir en France faire de véritables prodiges. Sur le champs de bataille il s'anime et il s'irrite. Le bruit des armes fait éclater son génie ; il devient tacticien, et ordonne des mouvements qui lui assurent la victoire. Il n'a pas la valeur folle et inconsidérée de la plupart des chevaliers; il a la réflexion et le coup d'œil qui font les généraux. Il sait allier la prudence au courage, calculer une marche, faire un plan de bataille et commander à la victoire. Cette haute sagesse qui brillait en lui, n'enlevait rien à la vivacité de son esprit. Il avait la réplique facile, souvent même originale Quand il parlait à ses soldats, il savait émouvoir. Son discours aux Grandes Compagnies est resté comme un modèle de l'éloquence militaire à cette époque.

Les qualités du cœur le disputaient chez lui à celles de l'esprit. Sa générosité était sans limites puisqu'il donnait, pour délivrer les autres l'argent de sa propre rançon. Il était l'ami le plus sûr que l'on pût trouver ; aussi était-il chéri de ses compagnons d'armes, qui le suivirent partout où il lui plut d'aller, et qui l'auraient volontiers suivi jusqu'aux extrémités du monde. Son humanité et sa douceur égalaient sa générosité. Il aimait le pauvre peuple, ceux qui travaillent, qui souffrent, qui pleurent : sa douceur envers les vaincus était un des plus beaux trait de son caractère. Aussi l'avait-on surnommé *Le bon Connétable*, et ce nom qui l'a suivi de génération en génération est peut être le plus beau fleuron de sa couronne de soldat, comme il est à coup sûr devant Dieu, son plus beau titre de gloire. Nous l'entendrons à son lit de mort, et ses dernières paroles à ses soldats seront encore une recommandation pour les malheureux ; son testament militaire est un testament de charité.

Il avait l'esprit de piété sans lequel tout est vain et stérile, sans lequel tous les autres dons non seulement ne sont rien, dit Bossuet, mais encore tournent en ruine à ceux qui en sont ornés. Fidèle à Dieu, il le fut également aux princes qu'il servit. Sa loyauté resta pure comme l'or, le souffle de l'envie ne put la ternir.

Et comme si l'auteur de toutes choses eût voulu établir en lui un contraste frappant, son extérieur était loin de révéler ses qualités morales. Il était lourd et paraissait même un peu difforme. Il avait le visage rond, les cheveux hérissés, les yeux un peu gros, le nez relevé. Mais pour un observateur attentif, cet extérieur vulgaire était rehaussé par un grand air de bonté. L'expression du regard, l'expression du sourire, témoignaient de la mansuétude du cœur. Aussi le peuple ne s'y trompa pas et Duguesclin est resté populaire dans la meilleure acception du mot.

Abordons maintenant la partie la plus élevée, la plus intéressante de notre sujet.

La lutte avait recommencé entre la France et l'Angleterre. Ruiné par son expédition d'Espagne, le prince de Galles avait voulu lever de nouveaux impôts dans les provinces soumises à la domination anglaise, mais les seigneurs aquitains et gascons s'y étaient refusés et avaient porté leurs doléances au pied du roi comme Seigneur suzerain. Le roi les accueillit avec bienveillance et cita le prince de Galles à comparaître devant le Parlement. Le vainqueur de Poitiers reçut le message du roi avec sa hauteur accoutumée, et le roi Charles déclara la guerre au roi Edouard.

Duguesclin était encore en Espagne. On lui envoya le maréchal d'Andreham pour l'inviter à revenir. Il obéit, repassa pour la dernière fois les Pyrénées et arriva à Toulouse où le duc d'Anjou lui remit son armée. A peine à la tête de cette armée, Duguesclin frappe ses premiers coups. Moissac, Agen, Tonneins, Aiguillon, le Port Sainte-Marie sont enlevés aux Anglais. Ceci fait, il marche sur Limoges assiégée par le duc de Berry et sa parole non moins puissante que son épée amène la reddition de la place. Mais le roi l'attendait impatiemment à Paris. Une première armée anglaise débarquée à Calais sous la conduite du duc de Lancastre, fils du roi Edouard, avait ravagé l'Artois, le Ponthieu et le pays de Caux. Une seconde armée, plus puissante que la première, commandée par Robert Knolles, venait encore d'y débarquer, et le célèbre aventurier poussant hardiment en avant avait traversé l'Artois, la Picardie, la Champagne, incendiant et pillant. Puis manœuvrant sur sa droite, il était revenu sous Paris brûlant les villages de la rive gauche de la Seine. Charles V, qui se souvenait de Crécy et de Poitiers, avait défendu de livrer bataille, ne voulant pas jouer sur un coup de lance le sort de son royaume. Il avait donné ordre aux paysans de se réfugier dans les villes avec les récoltes, voulant laisser les Anglais se fatiguer et se consumer d'eux-mêmes dans un pays désert. De son hôtel Saint-Pol, il voyait le feu des incendies allumés par l'ennemi dans la campagne couverte de neige et Clisson qui était auprès de lui disait : « Laissez-» les aller, sire, ils ne pourront vous enlever » votre héritage avec ces fumières ? » Il disait vrai, car Robert Knolles décampait bientôt se dirigeant vers l'ouest. Telle était la situation lorsque Duguesclin arriva à Paris. Le roi convoqua une assemblée solennelle, et là, en présence des grands officiers de la Couronne, en présence de tous les hauts personnages qui se trouvaient dans la capitale, il présenta à Duguesclin l'épée de Connétable de France ; le vieux connétable, Moreau de Fiennes, âgé de 80 ans, s'étant démis volontairement de cette charge que son grand âge ne lui permettait plus de conserver utilement dans les temps difficiles que l'on traversait. Toujours sage, Duguesclin refusa d'abord l'épée que le roi lui offrait, disant qu'il ne pouvait, lui, simple chevalier, commander au plus hauts barons du royaume ainsi qu'aux princes du sang. « Messire Bertrand, répondit le roi, je n'ai ni » frère, ni neveu, ni comte, ni baron, dans mon » royaume qui ne se fasse honneur de vous obéir,

» celui qui ne s'en croirait pas honoré et qui le » ferait connaître, encourrait ma colère : ainsi » prenez sans crainte l'épée de connétable. » — » Je l'agrée, dit alors Bertrand, mais je supplie » Votre Majesté de m'accorder une autre fa- » veur, c'est la promesse de ne pas ajouter » foi avant de m'avoir entendu, aux rapports » désavantageux qu'on pourrait vous adresser » sur mon compte. » Puis, tirant l'épée du fourreau, il déclara qu'il ne l'y remettrait qu'après avoir chassé les Anglais du Royaume.

A peine a-t-il fait cette promesse qu'il joint l'action à la parole et sort de Paris. Son armée n'est pas nombreuse, il n'a que douze mille hommes; mais ces douze mille hommes sont commandés par des héros. Autour du nouveau connétable nous voyons se presser le vieux d'Andreham, Louis de Sancerre, Jean de Blainville, tous trois maréchaux de France, Jean de Vienne, amiral de France, Olivier de Clisson, Olivier Duguesclin, Olivier de Mauny, les sires de Rohan, de Laval, de Châteaubriant, de Penhoet, ce que la France et la Bretagne ont de plus vaillant. Plus fort que les lions, plus rapides que les aigles, « *Leonibus fortiores, aquilis velociores,* » ces hommes intrépides s'élancent sur les pas de Robert Knolles et suivent la trace de l'Anglais à la trace de ses dévastations.

3

Knolles cependant a dû suspendre sa marche entre le Mans et Laval pour aller conférer avec le prince de Galles, et il a laissé le commandement de son armée à sir Thomas Grantson, le premier de ses lieutenants. C'est sur ce capitaine que va fondre l'orage. Par une nuit de novembre, alors que la bise est glaciale et que la pluie tombe à flots, Duguesclin lève son camp. Il s'agit de faire une traite de dix lieues et d'atteindre l'ennemi au point du jour. Les hommes lourdement armés, marchent difficilement par des chemins détrempés, des soldats tombent dans les fossés. Mais qu'importe! Il faut arriver, et l'ardeur du chef soutient le soldat. Les Anglais sont à Pont-Vallain dispersés, endormis dans la plaine. Tout à coup, un cri formidable les réveille, c'est le fameux cri de guerre du Connétable : *Notre-Dame Guesclin!* Ce cri qui a retenti à Cocherel, à Auray, à Navarette, à Montiel, les trouble, sans toutefois les abattre ; car ces Anglais sont braves. Thomas Grantson saisit la bannière d'Angleterre, la plante sur un monticule et fait sonner le ralliement. Les Anglais accourent, et le combat s'engage terrible et sanglant. Duguesclin oublie qu'il est connétable et redevient soldat. Il saisit la bannière d'Angleterre abattant à ses pieds tous ceux qui veulent la défendre. Grantson, qui voit les siens plier, quitte le champ de bataille et court pour activer la marche des détachements éloignés. Bientôt les détachements anglais arrivent de toutes parts. Bertrand et les siens, pressés à leur tour, se battent en désespérés ; le carnage est au comble. Le maréchal d'Andreham fait alors donner l'arrière-garde. Ce secours permet au connétable de respirer. Il fait reformer les rangs, et, profitant de la fureur de ses soldats, il se précipite de nouveau sur les Anglais au cri si français de : « Montjoie et Saint-Denis ! » Cette fois les Anglais sont rompus. Grantson, qui voit sa défaite, ne veut pas lui survivre. Il saisit une hache, renverse tout devant lui et perce jusqu'au connétable. Là, il prend cette arme à deux mains, et lui porte un coup furieux. Le connétable l'évite et l'Anglais chancelle. Alors Duguesclin se jette sur lui, le renverse et, lui appuyant sa dague sur la gorge, le force à demander quartier. Les autres chefs anglais, en voyant leur général Grantson prisonnier, rallient leurs soldats et tentent d'opérer leur retraite en bon ordre. Mais le connétable ne veut pas d'une victoire douteuse. Sans perdre un instant, il va droit à eux, les joint, les brise, les disperse. Le triomphe était alors complet, et Duguesclin venait d'étrenner glorieusement son épée fleurdelisée.

Dix mille Anglais étaient battus, mais il en

restait vingt mille autres occupant la ligne du Loir et de la Loire. Ayant donné un jour de repos à ses soldats épuisés, il se remet en campagne, et, après plusieurs jours de courses au milieu des neiges, il arrive en vue des quartiers anglais. Le capitaine de Cressonval, second lieutenant de Robert Knolles, commandait sur la Loire. Il avait établi son quartier général dans la sombre abbaye de Saint-Maur, qui défendait le passage du fleuve. Avant de l'attaquer, Duguesclin, qui le connaissait parce qu'il avait servi sous ses ordres en Espagne, lui fit proposer de capituler à des conditions honorables. Cressonval rejeta d'abord avec hauteur la proposition qui lui était faite, puis demanda huit jours de délai, disant que s'il n'était pas secouru par le prince de Galles à l'expiration de ces huit jours, il rendrait la forteresse. Le connétable accorda le délai. A peine rentré à son quartier général, Cressonval, qui n'avait qu'un désir, celui de sauver son armée, fait aussitôt plier bagage, ordonne à ses troupes de sortir silencieusement, et, lorsque le défilé est terminé, il met le feu à l'abbaye. Il devait payer cher son manque de parole. Averti de ce qui se passe, Duguesclin s'élance à la poursuite des fuyards, atteint leur arrière-garde à Moncontour et la taille en pièces. Puis, continuant sa marche, il joint Cressonval au moment où il arrive sous les murs de Bressuire, qui lui ferme ses portes, craignant de voir entrer les Français avec les Anglais, Cressonval fait alors volte-face et engage avec Duguesclin un combat furieux. Vains efforts; ses soldats sont pris, tués ou culbutés dans le fossé. Lui-même tombe la poitrine traversée par un coup d'épée. Restait à prendre Bressuire. Le connétable dispose trois attaques. Il commandera la première, Clisson la deuxième et le maréchal d'Andreham la troisième. L'assaut est meurtrier. Le vieux d'Andreham renversé tombe dans le fossé. Il se relève, monte une seconde fois sur la muraille et y reste malgré son sang qui coule en abondance. Duguesclin a son casque brisé. Comme les héros d'Homère, il abandonne un instant le combat, prend de nouvelles armes et revient plus terrible que jamais. Pour en finir, il appelle une troupe d'archers, leur fait prendre des crocs et leur commande d'arracher les pierres de la muraille. On obéit, et la brèche est faite. L'amiral Jean de Vienne s'y précipite avec les Français, qui s'emparent enfin de la ville. Cinq mille Anglais tombèrent sur les murs de Bressuire. La nouvelle de ce désastre arriva rapidement à Bordeaux. Robert Knolles accourut, recueillit les débris de son armée et se retira sous Parthenay. Ensuite voyant qu'il n'était plus possible de tenir la campagne, il les dirigea sur les côtes du Poitou et de la Bretagne pour les embarquer sur des navires qui croisaient dans ces parages. Duguesclin ne lui permit pas d'exécuter ce dernier projet. Il lança sur lui Clisson et Rohan, qui tuèrent et dispersèrent ce qui restait de sa terrible armée. Knolles s'enfuit en Bretagne et alla cacher sa colère et sa honte dans le château de Derval.

Telle fut cette campagne de 1370. La plus belle gloire que puisse ambitionner un homme de guerre, c'est de sauver sa patrie de l'invasion; toutes les autres gloires pâlissent auprès de celle-là. Duguesclin fut grand parce qu'il sauva la France en chassant les Anglais. Jeanne d'Arc est restée la vierge immortelle parce qu'elle reprit l'œuvre du connétable et, plus heureuse que lui, les chassa pour toujours. Turenne conquit son plus beau laurier à Turkheim, Villars à Denain, Carnot et Jourdan s'immortalisèrent à Wattignies, Masséna à Zurich, Napoléon, le plus grand de tous comme génie militaire, nous émeut davantage lorsqu'il lutte dans les plaines de la Champagne pour repousser l'étranger que lorsqu'il remporte ses brillantes victoires de Marengo, d'Austerlitz, d'Iéna, de Wagram, d'Eylau, de Friedland et de la Moskowa! La campagne qui s'achevait avait coûté la vie à deux hommes illustres. Le maréchal d'Andreham avait succombé à l'âge de 80 ans, aux suite de blessures reçues à l'assaut de Bressuire. Duguesclin fit faire à ce doyen des chevaliers français des funérailles dignes de lui. Chandos le grand Anglais, avait été tué en Poitou par les Bretons de Carenlouët. Il emporta dans la tombe les regrets de la Chevalerie française. Anglais et Français se combattaient à outrance; mais il y avait un terrain sur lequel ils se tendaient toujours la main, c'était celui de la bravoure et de l'honneur.

L'année suivante, il n'y eut pas de *grandes chevauchées*, disent les historiens. Les deux partis se reposèrent.

La campagne de 1372 fut des plus heureuses. Les flottes de France et de Castille, commandées par Boccanegra et le prince Yvain de Galles, ennemi juré du roi d'Angleterre, ayant défait la flotte anglaise, le connétable fit *son mandement*, rassembla ses troupes et se mit aux champs. Chavigny, Montmorillon, Montcontour tombèrent d'abord sous ses coups. Ensuite il enleva Sainte-Sèvère. Poitiers, la capitale de la province, ouvrit ses portes et se soumit. Duguesclin planta lui-même sur ses vieilles murailles les drapeaux français, qui n'y flottaient plus depuis Brétigny. Quelques jours après, Yvain de Galles débarquait près de la Rochelle, surprenait le captal de Buch, lui tuait sa troupe et le faisait prisonnier. Le parti anglais était terrifié. Saint-Maixent, Saint-Jean-d'Angely, Angoulême, Taillebourg, illustré naguère par saint Louis, Saintes, Melle, Aunay capitulèrent. Enfin, la Rochelle ouvrit ses portes. Tout pliait, tout tombait devant le connétable; il ne restait plus aux Anglais que la ville de Thouars. Paris fut en joie en apprenant ces prodigieux succès, et Charles V écrivit à Duguesclin une lettre de félicitations dans laquelle il l'appelait son cousin. De la Rochelle l'infatigable soldat courut assiéger Thouars. Mais la place était forte. Les principaux seigneurs du Poitou, partisans de la domination anglaise, s'y étaient jetés en écrivant au roi d'Angleterre de venir au plus tôt les secourir. La nouvelle de ces désastres réveilla le vieux lion. Il s'émut, revêtit son armure, prit 20,000 hommes, les fit embarquer et mit à la voile. Cette fois, ce fut la tempête qui se chargea de nous défendre. Pendant six semaines, la flotte anglaise tint la mer sans pouvoir aborder sur nos côtes; pendant six semaines, le roi d'Angleterre disputa ses vaisseaux aux éléments déchaînés, et lorsque les vents cessèrent, cette flotte désemparée, privée d'une partie de ses équipages engloutis, ne put qu'avec peine regagner les ports de l'Angleterre. Les seigneurs poitevins, enfermés dans Thouars, attendaient toujours un secours, qui n'arrivait pas. Il avait été convenu que Thouars se rendrait au connétable si, le 29 septembre, le roi Edouard ou l'un de ses fils ne s'était pas présenté pour faire lever le siège. Ce jour arrivé, Duguesclin fit connaître le sort de la flotte. Toute résistance devenant inutile, la place capitula. C'était le dernier coup porté à la puissance anglaise en Poitou. Cette province était rendue à la couronne de France par l'épée de Duguesclin.

L'année 1373 devait voir de plus grandes choses encore. Les débris de l'armée anglaise s'étaient réunis à Niort sous le commandement d'un homme énergique, sir Thomas Hampton. Duguesclin résolut de les écraser. Il marche contre eux et fait investir la Roche-sur-Yon, Luzignan, Chizé. Hampton accourt et enferme le connétable dans son camp devant Chizé. Les Anglais sont de beaucoup supérieurs en nombre, et bientôt la situation devient critique ; il faut vaincre ou mourir. Duguesclin n'hésite pas. A l'aurore du troisième jour, il range sa troupe en bataille, fait jeter à terre les palissades du camp, et, la hache au poing, tombe comme la foudre sur les Anglais surpris. Mais l'ennemi, un instant effrayé, retrouve vite sa résolution, et le combat devient sanglant. Bertrand, qui comprend qu'il y va de sa vie ou de sa liberté, porte des coups terribles, exhortant ses soldats à bien faire, payant de sa personne comme le dernier des hommes d'armes. Enfin, après une lutte acharnée, les Anglais sont défaits, et sir Hampton tombe mort sur le champ de bataille. Telle fut cette affaire de Chizé, où le connétable courut le plus grand danger et n'évita d'être pris ou tué qu'en faisant des prodiges de valeur.

Pendant que ces faits se passaient dans l'ouest, des événements bien autrement graves se préparaient en Bretagne et dans le Nord. Le duc Jean de Montfort, qui était resté anglais de cœur, venait de s'allier ouvertement au roi Edouard, et grande fut l'émotion des seigneurs bretons lorsqu'ils apprirent la descente des Anglais sur les côtes du duché. Les sires de Rohan et de Laval groupèrent autour d'eux la chevalerie bretonne et appelèrent le roi de France à leur aide pour chasser l'étranger. Charles V leur envoya Duguesclin. La Bretagne tressaillit en voyant arriver le plus illustre de ses enfants. Les bannerets bretons vinrent vers le connétable, qui avait avec lui Clisson, Rohan, Laval, d'Avaugour Rieux, Beaumont, Beaumanoir. Voyant ce soulèvement, Montfort s'enfuit en Angleterre. Rennes, Dinan, Guingamp, Vannes, Jugon, Josselin, Quimper, ouvrirent leurs portes. Hennebon se rendit; Nantes en fit autant, et Duguesclin alla mettre le siège devant Brest et Derval, où s'était réfugié ce qui restait d'Anglais dans le duché. Cependant, malgré ses efforts, Brest fut ravitaillé par le comte de Salisbury, et le connétable fut obligé de lever le siège de Derval pour revenir en France à grandes journées sur un ordre pressant du roi.

Ici nous touchons à l'action la plus glorieuse de la vie de Duguesclin, à celle qui domine toute cette existence de luttes et de combats, à celle qui fit de lui un héros national.

Quarante mille Anglais venaient de débarquer à Calais sous le commandement du duc de Lancastre. C'était le dernier, le suprême assaut que le roi Edouard livrait au royaume de France. Quelle digue opposer à ce torrent? Où trouver une épée assez bien trempée pour barrer le passage à cette multitude? Le roi pensa que le vainqueur de Pont-Vallain était seul assez fort pour arrêter l'invasion, et il appela Duguesclin. C'est alors que le génie du grand capitaine se révéla dans toute son étendue. D'un bond il franchit l'espace qui sépare la Bretagne de la Champagne, et vient établir son camp sur les bords de la Seine, au-dessus de Troyes. Là, il attend Lancastre. L'armée anglaise s'avance hardiment au cœur du royaume. Elle franchit la Somme, elle franchit l'Oise, elle franchit l'Aisne, la Marne, l'Aube, et arrive enfin sur la Haute-Seine. Tout à coup, le prince anglais se heurte à un obstacle, et quel n'est pas son étonnement lorsqu'il reconnaît que cet obstacle c'est Duguesclin lui-même, Duguesclin qu'il s'imaginait être allé l'attendre sur les confins du Poitou ! Lancastre, sans hésiter, présente la bataille. Le connétable la refuse. Etonnés, les chevaliers français le supplient de l'accepter. Mais, avec l'autorité de son rang, de son âge, de ses services et de sa valeur, il ordonne aux épées de rester dans les fourreaux, et les épées obéissent. Ne craignez rien, cependant, car c'est précisément à ce moment que le héros devient terrible, et dès cette heure on peut lui appliquer cette énergique parole de l'Ecriture parlant de Judas Machabée : « *Similis factus est* » *leoni in operibus suis, et sicut catulus leonis* » *rugiens in venatione.* » Il devient semblable à un lion dans ses actions et à un lionceau qui rugit en voyant sa proie. En effet, à peine l'armée anglaise est-elle passée, qu'il s'ébranle à son tour, se met à sa poursuite et écrase l'arrière-garde au passage de l'Yonne. Lancastre hâte sa marche, passe précipitamment la Loire, atteint les plaines du Bourbonnais, s'y déploie et offre encore la bataille. Pour la seconde fois, le connétable la refuse. Puis, par une manœuvre habile, pendant que Lancastre s'enfonce dans les gorges de l'Auvergne, il gagne deux jours de marche et vient lui barrer le passage aux sources de la Sioule. Cette fois, il faut combattre. La lutte s'engage sanglante, effroyable ; la nuit seule sépare les combattants. Alors commence pour l'armée anglaise une marche épouvantable. Décimés par le fer, brisés de fatigue, transis de froid, mourant de faim, n'ayant plus de chevaux et glissant dans la boue, ruinés par la maladie et marquant leurs étapes par les cadavres qu'ils laissent derrière eux, les bataillons anglais traversent le Limousin, le Périgord, toujours poussés, pressés, harcelés par leur implacable ennemi, qui les accule sans pitié aux larges fossés de Périgueux. Là, il se jette sur eux et leur inflige une seconde défaite. Furieux, désespéré, Lancastre met le feu au faubourg de la ville et se sauve vers la Dordogne, sans pouvoir même défendre son arrière-garde, qui est anéantie par les Français victorieux. A partir de cet instant, Duguesclin abandonne à elle-même cette malheureuse armée, qui se traîne jusqu'à Bordeaux dans un état de misère tel, qu'on vit des chevaliers anglais aller mendier leur pain aux portes des chaumières fermées! Et, pour tout dire en un mot, cette armée de 40,000 hommes qui avait jeté la terreur en France, était réduite à 6,000 hommes lorsqu'elle arriva dans la capitale de la Guyenne. Elle faisait peine à voir.

Cette campagne de 1373 est la plus belle que nous offrent les annales du moyen-âge. Duguesclin y déploya toutes les ressources de son génie souple et hardi. Il donna une preuve éclatante de cette haute sagesse, de cette rare prudence desquelles il ne se départissait jamais dans les succès comme dans les revers. Mais, s'il fut sage et prudent, il montra aussi ce qu'il y avait en lui d'audace et de résolution. L'alliance de la sagesse et de l'audace, de la science et du coup d'œil, font les grands capitaines. Le connétable fut très grand capitaine, homme de guerre dans le sens élevé du mot. Quant au service qu'il rendit au pays, il fut immense, puisqu'il extermina l'envahisseur. Aussi la joie fut-elle universelle, et faut-il s'étonner encore si le peuple de France a conservé à travers les siècles le souvenir de son libérateur ?

La puissance anglaise était détruite. Une trêve fut conclue l'année suivante, et Duguesclin eut enfin deux années de repos. Il avait fait une perte cruelle; Tiphaine Raguenel était morte sans lui laisser d'enfants. On insista pour qu'il contractât un nouveau mariage. Il y consentit et épousa au château de Monduron, là ou vingt ans auparavant il avait été armé chevalier par le maréchal d'Andreham, Jeanne de Laval, dont le père avait assisté au combat des Trente. Le mariage fut célébré à Rennes avec une pompe extraordinaire, et le peuple acclama Jeanne de Laval en l'appelant *la femme du bon Connétable*. C'était à ses yeux son titre le plus beau.

Pendant cette trève, mourut le prince Noir, la fleur de la chevalerie anglaise. Le deuil fut général en Angleterre. Cette nation perdait le plus redoutable de ses capitaines. Quelque temps après, le vieil Edouard III descendait également dans la tombe, laissant la couronne à un enfant, le jeune Richard, fils du prince de Galles. Ces deux grands ennemis de la France moururent dans la tristesse, le premier succombant à une maladie de langueur rapportée d'Espagne; le second désolé de voir lui échapper à la fin d'un long règne des conquêtes qui avaient coûté à l'Angleterre tant d'or et tant de sang.

La trêve finissait. Le roi Charles V résolut de recommencer la guerre, et le Connétable reprit les armes. Fidèle à sa promesse de chasser les Anglais hors du royaume, nous le voyons voler en Aquitaine, conquérir Bergerac, Sainte-Foi, Castillon, Libourne, Saint-Emilion, Sauveterre, Cadillac, Saint-Macaire, Langon, Blaye, Duras, prendre villes et châteaux, pousser pied à pied les Anglais vers la mer et les réduire à la possession de Bordeaux, de Bayonne et de quelques autres places sans importance. Ils le craignaient tant, disent les vieux historiens, qu'ils n'osaient plus le regarder qu'au travers de leurs créneaux. Puis, lorsque le duc de Lancastre, toujours présomptueux malgré les terribles leçons qu'il a reçues, débarque en Bretagne et met le siège devant Saint-Malo, Duguesclin revient du fond de l'Aquitaine, assiège Lancastre dans son propre camp et l'oblige à se rembarquer. Cet homme infatigable semblait se multiplier et frappait ses coups partout où le territoire était menacé. Son épée était vraiment l'épée de la France, le salut de la patrie.

Malheureusement, tout se mêle en ce monde, et il n'existe pas de félicité durable. Jusqu'à ce jour Duguesclin n'avait guère connu que le bonheur. Gloire, honneurs, richesses, Dieu lui avait tout donné. Il fallait bien, cependant, qu'il eût sa croix et qu'il connût la souffrance. Il allait être atteint dans ce qu'il avait de plus cher au monde, dans sa loyauté. L'ami des Anglais, Montfort, chassé de son duché, s'était réfugié en Angleterre. Charles V, comme tous les hommes de génie qui ont gouverné la France, cherchait l'unité du Royaume, et il crut l'occasion favorable pour réunir la Bretagne à la France royale. En conséquence, il cita Montfort à comparaître devant la cour de Paris, afin d'y répondre à l'accusation de félonie portée contre lui. Le duc de Bretagne ne comparut pas, et la Bretagne fut déclarée réunie à la couronne. Cet arrêt retentit d'un bout à l'autre du duché et y produisit une commotion générale. Les Bretons, fiers de leur valeur, jaloux de leur indépendance, n'entendaient rien à ce que nous appelons aujourd'hui l'unité nationale. Ils se levèrent comme un seul homme pour protester contre l'arrêt de la cour de Paris, et prirent les armes. En présence de ce soulèvement, le roi ne fléchit pas. Il réunit des troupes et donna l'ordre à Duguesclin d'entrer en Bretagne. Grande fut la tristesse du Connétable. Il sentait bien que le monarque allait se heurter à une volonté de fer et que lui-même allait perdre dans cette campagne son prestige et sa popularité. Toutefois, voyant le roi résolu à ne pas céder, il obéit. Les uns ont blâmé Duguesclin d'avoir obéi, les autres l'ont loué, plusieurs ont trouvé plus facile de s'abstenir de tout jugement, Quant à nous, nous le disons hautement, il eut raison d'obéir. Connétable de France, il devait obéissance au roi. Puis, en définitive, la Bretagne étant une partie de la France et une partie absolument française, il était bon, nécessaire même de la réunir à la couronne pour former avec les autres provinces l'unité de la patrie. Quant aux droits de Montfort, ce traître et ce félon, qui était l'éternel allié de l'étranger, il n'y a même pas lieu d'en parler. L'arrêt qui le frappait était juste, il n'avait que trop mérité le châtiment que le roi voulait lui infliger. Mais, hélas ! toutes ces choses n'étaient pas comprises au XIVe siècle, et on ne vit dans l'acte du roi qu'un acte d'usurpation blessant pour la noblesse bretonne. Aussi lorsque le Connétable entra en Bretagne, la désertion se mit-elle dans son armée. Ses vieux compagnons d'armes eux-mêmes le quittaient pour passer dans le camp opposé ; il ne voyait autour de lui que découragement et regrets. Il se présenta devant Rennes, et Rennes lui ferma ses portes, à lui enfant du pays. Les autres villes firent de même. Il en fut profondément affligé et se retira dans Saint-Malo. Olivier de Clisson, qui seul comme lui était resté au service de la France, échoua également devant Nantes. Pendant ce temps, les seigneurs bretons rappelaient leur duc, qui revenait et était acclamé. De son côté, le duc d'Anjou arrivait à la tête d'une armée pour soutenir le Connétable ; mais la partie était mauvaise. Il le comprit et signa une trêve. Le roi en éprouva un vif mécontement. Il pensa que le Connétable n'avait pas fait tout ce qu'il aurait dû faire, et lui écrivit une lettre fort dure. Pour toute réponse, Duguesclin renvoya au roi son épée. L'émotion fut grande dans Paris lorsqu'on apprit cette nouvelle. L'homme qui avait délivré la France des grandes Compagnies, qui avait chassé les Anglais des provinces de l'Ouest, leur laissant à peine un pied en Guyenne, ne pouvait être privé de cette arme glorieuse. De toutes parts on adressa des suppliques au Roi ; ce fut une véritable manifestation. La France du moyen âge, comme la France d'aujourd'hui, savait se faire entendre et le peuple de Paris se faire écouter. Charles V avait trop d'intelligence pour ne pas comprendre la situation. Il reconnut son erreur et chargea les ducs d'Anjou et de Bourbon de reporter à Duguesclin son épée de connétable. Les ducs se rendirent à Pontorson avec une suite nombreuse et le supplièrent de reprendre cette épée. Duguesclin leur répondit par un refus positif. Ce refus était grave, car déjà les Anglais se disposaient à descendre en Guyenne. Le Roi expédia un second message à Bertrand, le priant au nom de l'intérêt public de ne pas y persister. Cette fois, il se rendit, car en lui battait le cœur du pays.

Malgré cela, l'abandon de ses compatriotes et l'erreur du roi, lui avaient porté deux coups plus cruels que ceux qu'il avait si souvent reçus dans les mêlées de France et d'Espagne. Il ne pouvait se consoler d'avoir été méconnu de ceux qu'il avait le plus aimés : les Bretons et le roi de France. Il devint triste, chagrin, et le maréchal de Sancerre, qui était devenu son intime ami, pouvait à peine le distraire de ses ennuis.

L'année 1380 se leva incertaine et sombre. On s'attendait à une descente des Anglais. Déjà des Compagnies anglaises se reformaient en Guyenne, poussant de hardies reconnaissances en Limousin, en Auvergne et sur les frontières du Languedoc. Le Roi pria Duguesclin de marcher contre elles. L'amertume que le Connétable avait dans l'âme se révélait dans ses paroles. Il semblait avoir le pressentiment de sa fin prochaine. En quittant le roi pour aller livrer ses derniers combats, il lui dit : « Sire, je ne sais si » je retournerai du lieu où je vais, je suis vieilli » et non pas las; mais je vous supplie très humblement, s'il y a moyen, que vous fassiez la » paix avec le duc de Bretagne, et aussi que » vous le laissiez en repos en se soumettant à son » devoir : car les gens de guerre du pays vous » ont très bien secouru en toutes vos conquêtes » et peuvent encore le faire, s'il vous plaît de » vous en servir. » A ces sages paroles le roi répondit : « Je pense depuis longtemps à terminer cette guerre, et j'en prendrai l'occasion » s'il s'en présente d'honnêtes moyens. »

Duguesclin partit plus tranquille. A peine eutil touché la terre de Guyenne qu'il parut retrouver sa vigueur. Il chassa de nouveau les Anglais du plat pays et les força à se réfugier dans leurs forteresses des rives de la Dordogne et de la Gironde. Puis, le froid ayant amené la cessation des hostilités, il partit pour Moulins, voulant rendre visite au duc de Bourbon, qui l'en avait prié. Le duc le reçut comme il aurait reçu le roi lui-même, entouré des bannerets du Bourbonnais et de l'Auvergne. Il lui donna le collier de l'ordre de l'Espérance et une magnifique coupe d'or. Après quelques jours passés au milieu des fêtes, Duguesclin quitta Moulins pour aller au Puy-en-Velay, s'agenouiller dans le sanctuaire de Notre-Dame un des plus célèbres de la vieille Gaule. Il offrit à la Vierge une armure complète et encouragea par sa présence les ouvriers qui travaillaient à la consolidation du saint édifice.

Duguesclin était au Puy, près du sanctuaire de Notre-Dame, lorsque les habitants du Gévaudan, pillés et rançonnés par les Compagnies anglaises qui s'étaient emparé de plusieurs châteaux forts, lui envoyèrent des députés pour le supplier de venir à leur secours. Le cri du peuple était toujours entendu du Connétable, on eût dit que les pauvres étaient ses enfants. Sans perdre de temps, il se rendit en Auvergne, où ses troupes se rassemblaient; puis, au lieu de se diriger vers la Guyenne, il traversa le Velay, passa les montagnes et entra dans le Gévaudan. A son approche, les Compagnies anglaises abandonnèrent leurs châteaux et se jetèrent dans Châteauneuf-de-Randon, qui paraissait inexpugnable. C'est là que Duguesclin vint les trouver; on était alors au mois de mai.

Nous touchons à l'heure solennelle. Dieu, qui tient dans ses mains la vie des héros comme celle des plus obscurs d'entre nous, trouvait que la vie du Connétable était assez remplie, et dans la profondeur de ses jugements il avait résolu de le rappeler à lui. Châteauneuf-de-Randon devait être le terme de cette existence qui tenait du prodige.

Les Anglais étaient commandés par un vaillant homme, le sire de Roos, qui s'était trouvé plusieurs fois face à face avec Duguesclin sur les champs de bataille. Ce capitaine se défendit avec tant d'énergie qu'au bout d'un mois l'armée française n'avait pas encore entamé la place. De son côté, Duguesclin n'était pas homme à reculer, et il fit le serment de ne pas lever son camp que la forteresse ne fût prise. Mais c'est précisément à ce moment qu'on le vit décliner. Accablé par la fatigue, affaibli par quarante années de travaux, il finit par tomber malade, et dès le premier jour son état parut grave. On s'efforça de le lui cacher. Quant à lui, il n'avait qu'un seul regret, c'était de ne pouvoir prendre Châteauneuf-de-Randon. Ses trois amis, Olivier de Mauny, Olivier de Clisson et le maréchal de Sancerre lui promirent de tout faire pour s'emparer de la place, et ils résolurent de donner un assaut général. Le bruit des trompettes parut rendre au malade la force qui lui échappait. Il se leva, se fit revêtir de ses armes et reparut inopinément à la tête de ses soldats. Sa présence les électrisa. Au cri de : *Notre-Dame Guesclin !* qui retentissait pour la dernière fois sur la terre de France, ils montèrent bravement à l'assaut, et, malgré la résistance des Anglais, qui fut opiniâtre, ils firent brèche à la muraille. Cependant ils ne purent emporter la forteresse et la nuit sépara les combattants. Avant d'ordonner un nouvel assaut, Duguesclin fit offrir aux Anglais de capituler à des conditions honorables. Leur situation était critique. De Roos écouta les propositions qui lui étaient faites, et il fut convenu que si la place n'était pas secourue le 12 juillet, elle serait rendue le lendemain au connétable Bertrand Duguesclin.

Pendant cette trêve, la maladie empira et fit d'effrayants progrès. Le 13, au matin, le Connétable sentit que tout était fini. Il regarda sans trembler cette mort qu'il avait si souvent affrontée sur le champ de bataille, et se prépara à mourir en chrétien. Il appela auprès de lui ses fidèles chevaliers et reçut en leur présence les sacrements de l'Eglise, témoignant ainsi de sa foi et de son espérance en Dieu. Cette cérémonie terminée, il fit son testament, récompensa généreusement ses serviteurs et chargea le maréchal de Sancerre de supplier le roi de continuer sa protection à sa femme Jeanne de Laval et à son frère Olivier Duguesclin. Enfin il ordonna que son cœur fût inhumé dans l'église des Dominicains de Dinan. Ces choses terminées, il s'adressa aux vieux capitaines qui fondaient en larmes autour de lui, et il leur dit : « Mes » chers compagnons, vous voyez mon état, et » que la mort qui me surprend me laisse privé » de ce que j'aurais voulu faire pour vous; mais » que cela ne vous décourage pas. Si je ne puis » plus parler au roi en votre faveur, que vos » services parlent pour vous. Continuez de le » bien servir; il est juste et généreux, et je » compte qu'il vous récompensera tous comme » vous l'avez mérité; mais avant de mourir, je » veux vous dire encore une parole que je vous » ai dite mille fois : Souvenez-vous que partout » où vous ferez la guerre, les gens d'Eglise, le

» pauvre peuple, les femmes et les enfants ne » sont point vos ennemis et que vous ne portez » les armes que pour les défendre et les pro- » téger. Je vous l'ai toujours répété ainsi, et je » vous le répète pour la dernière fois, en vous » disant mon dernier adieu, et me recomman- » dant à vous. » Paroles sacrées dignes du héros chrétien qui les a prononcées, et qui vivront éternellement dans la mémoire des peuples.

Fatigué de l'effort qu'il venait de faire, Duguesclin parut s'assoupir un instant. Puis ouvrant les yeux et se ranimant un peu, il demanda son épée de Connétable. On la lui présenta. Il la prit nue dans ses mains défaillantes et la considéra quelques instants, se rappelant sans doute ses années de gloire, ses travaux et ses triomphes. Ensuite il découvrit sa tête blanchie, baisa respectueusement la poignée en forme de croix de cette épée et la remettant au maréchal de Sancerre, il lui dit : « Recevez-la de ma » main et je vous supplie, en la rendant au Roi, » de lui exprimer toute ma reconnaissance pour » ses bienfaits, et mes regrets des fautes que je » pourrais par imprudence avoir faites contre » son service, mais qui n'ont jamais été volon- » taires; si Dieu m'en avait donné le temps » j'avais bon espoir de vider son royaume de

» ses ennemis d'Angleterre ; mais il a de bons
» serviteurs qui s'emploieront à cet effet. As-
» surez-le que je meurs son serviteur et le plus
» humble de tous. Et adieu, Monsieur le Maré-
» chal, je n'en puis plus. » Je n'en puis plus!
Telle est la dernière parole de cet homme qui avait tant travaillé! Parole de tristesse, de regret peut-être, et qui, mieux qu'un grand discours, peint notre faiblesse et notre infirmité. Après avoir prononcé ces mots, Bertrand laissa tomber sa tête sur la poitrine du maréchal, se souleva encore pour jeter un dernier regard sur ses vieux compagnons d'armes qui sanglotaient autour de son lit, puis ses yeux se fermèrent et il rendit sa belle âme à Dieu.

L'histoire offre à notre admiration peu de morts comparables à celles de Duguesclin. La mort de Saint Louis, celle de Bayard, de Turenne, de Condé, de Catinat, de Luxembourg, de Marceau, de Napoléon, peuvent à des titres divers lui être comparées. Mais, à coup sûr, il n'en est aucune qui fut plus belle et plus touchante.

Il était midi. Lorsque la triste nouvelle se répandit dans le camp, les soldats comme leurs chefs fondirent en larmes. Il leur semblait qu'ils perdaient leur père. Ils ne louaient pas alors sa valeur, ils ne se souvenaient que de son inépuisable bonté.

Cependant la trêve accordée aux Anglais était expirée. Personne ne s'étant présenté pour les secourir, ils devaient remettre la place au Connétable. Mais, comme ils n'étaient engagés qu'envers lui personnellement, voudraient-ils maintenant capituler? A trois heures le Maréchal de Sancerre se présenta au bord des fossés et annonça au commandant la mort du Connétable. « Je ne vous ai pas promis de vous rendre » ma place, dit Roos, c'est à M. le Connétable » que j'ai donné ma parole et que je veux la te- » nir ; mais je veux que ce soit d'une façon ex- » traordinaire, qui exprime l'honneur que je lui » ai toujours porté, et que je conserve à sa mé- » moire : j'aurais eu honte d'ouvrir mes portes » à tout autre qu'à lui ; il est juste, tout mort » qu'il est, de lui rendre ce que je lui dois ; je » vais porter sur son cercueil les clefs d'une » place dont il est réellement vainqueur. »

Le soir, au soleil couchant, l'armée française prend les armes, se range en bataille, les enseignes déployées et les armes droites. Les Anglais, de leur côté, sortent de la ville, descendent lentement la montagne qui les sépare de nos lignes et traversent le camp. De Roos est à leur tête. Le maréchal de Sancerre le reçoit et le conduit à la tente de Duguesclin. Là, près du corps, veillent les hérauts d'armes, là sont réunis les chefs de l'armée. Au pied du lit, sur un carreau de velours violet semé de fleurs de lis d'or, est posée l'épée de celui qui n'est plus. A cette vue, le gouverneur s'incline profondément et dit : « C'est à vous, M. le Connétable, » que je rends ma place ; vous seul avez » eu le pouvoir de me réduire à la rendre aux » Français, quoique j'aie juré au roi d'Angleterre » de la lui conserver jusqu'à la dernière goutte » de mon sang. » Ayant prononcé ces paroles, il dépose les clefs de la ville sur les pieds du mort, s'agenouille pendant quelques instants et se retire les yeux mouillés de larmes. Et nous autres, Français, inclinons-nous à notre tour devant cet Anglais qui sort de notre camp, car il vient de rendre à Bertrand Duguesclin le plus bel honneur qui fût jamais rendu à un homme de guerre. En vérité, la loyauté de de Roos honore autant l'Angleterre que la plus brillante des victoires que cette nation ait remportée. Où trouver dans l'histoire, spectacle plus grand, plus touchant ? Colline de Châteauneuf, tu as vu les plus belles funérailles qui furent jamais, et le nom du héros breton, la noblesse du capitaine Anglais t'ont pour toujours donné l'immortalité.

Le maréchal de Sancerre avait pris le commandement de l'armée. Il fit embaumer le corps du Connétable et le cortège funèbre s'achemina vers Dinan. Partout où il passait, le peuple, le peuple qu'il avait tant aimé, accourait et venait se prosterner devant ces restes vénérés, priant Dieu pour l'âme de l'illustre guerrier, comblant de bénédictions la mémoire de celui qui avait sauvé la patrie, expulsé l'étranger. La mort de Duguesclin était un deuil national et il faut venir jusqu'à celle de Turenne pour revoir pareille douleur et pareil spectacle. Lorsque le convoi arriva au Mans, des officiers du Roi se présentèrent avec ordre de faire conduire le corps à Saint-Denis. Charles V voulait que son cher Connétable reposât dans la sépulture des rois, dans la chapelle qu'il avait fait construire pour y être inhumé lui-même auprès de la reine Jeanne de Bourbon, sa femme, qui y était déjà. On obéit. Le peuple de Paris, qui avait pour Duguesclin une affection sans limite, se disposait à lui rendre les derniers devoirs avec un appareil qui témoignât de toute sa gratitude, mais lorsque le cercueil fut arrivé à Saint-Cloud, le roi le fit diriger de suite sur Saint-Denis. Le service eut lieu dans la royale abbaye avec une pompe extraordinaire. Les ducs d'Anjou, de Berry, de Bourgogne et de Bourbon y assistèrent avec tous les grands du royaume et un concours immense de population. On prononça une première oraison funèbre, et lorsque le corps fut descendu

dans le caveau, on alluma devant le tombeau une lampe qui devait brûler jour et nuit à perpétuité. Sur le monument on plaça la statue du Connétable en marble blanc. Le guerrier est couché sur sa tombe la tête nue, les mains jointes, les pieds appuyés sur un lion, ayant à ses côtés son épée et son écu. Sur le marbre on grava cette simple épitaphe : « Ci-git, noble homme, mes-
» sire Bertrand Duguesclin, comte de Longue-
» ville, Connétable de France, lequel trépassa
» devant Castelneuf de Randon, en Gévaudan,
» le treizième jour de Juillet M. CCCLXXX.
» Priez pour lui. » Quelques années plus tard, sous le roi Charles VI, on fit un second service solennel, celui dont nous avons parlé en commençant ce récit.

Pour nous, en terminant cette étude, nous ne reviendrons pas sur les vertus de l'héroïque Breton. Ce serait inutile. Mais en montrant à la génération actuelle la figure du grand Connétable, nous lui dirons cette parole de l'Ecriture : *Interrogamajores tuos dicent tibi*. « Interroge tes ancêtres et ils te parleront. » Questionne, ô peuple, les hommes du passé, dont l'ombre gigantesque se projette encore sur la France, et ils te feront entendre de solennelles et salutaires paroles. Ils te diront que sans la foi en Dieu, sans le respect des choses que le temps a consacrées, sans l'obéissance, sans l'abnégation et l'esprit de sacrifice, il n'existe pas de nation vraiment forte. Ils te parleront de leurs luttes, de leurs travaux, de leurs souffrances peut-être, et alors tu trouveras bien petits les vains déclamateurs qui te parlent sans cesse de tes droits et jamais de tes devoirs; qui te parlent de plaisir lorsque la loi de tous est le travail et la peine. Ces grands serviteurs de la patrie, ces types de bravoure et de loyauté ont combattu le bon combat; ils ont chassé l'étranger, ils ont fait notre unité nationale. Et de même que le sculpteur étudie toujours les modèles si parfaits, si achevés que l'antiquité nous a laissés, de même devons-nous toujours avoir devant les yeux les belles figures de notre histoire. Et alors un jour viendra peut-être où, la France ayant retrouvé avec ses antiques vertus son ancienne splendeur, nous pourrons dire cette consolante parole : *Surrexit vere alleluia!* « Elle est vraiment ressuscitée, gloire à Dieu! »